13 février 1874

Vente des Vendredi 13 et Samedi 14 Février 1874.

SALLE N° 5

BELLE RÉUNION

D'OBJETS D'ART

DE CURIOSITÉ

ET

D'AMEUBLEMENT

Exposition publique :

Le Jeudi 12 Février 1874

Mᵉ CHARLES PILLET
COMMISSAIRE-PRISEUR,
10, rue de la Grange-Batelière

M. CHARLES MANNHEIM
EXPERT,
7, rue Saint-Georges.

CATALOGUE

D'UNE BELLE RÉUNION

D'OBJETS D'ART

DE CURIOSITÉ

ET D'AMEUBLEMENT

Belles Porcelaines de Saxe, de la Chine, du Japon et autres;
Faïences italiennes et françaises; Verrerie;
Sculptures en marbre, terre cuite, ivoire, etc.; Bijoux; Miniatures;
Bronzes d'Art et d'Ameublement;
Beaux Meubles des époques Louis XV et Louis XVI; Objets variés.

TAPISSERIES

DONT LA VENTE AURA LIEU

HOTEL DROUOT, SALLE N° 5

Les Vendredi 13 et Samedi 14 Février 1874

A DEUX HEURES.

Par le ministère de Me CHARLES PILLET, Commissaire-Priseur,
10, rue de la Grange-Batelière,

Assisté de M. CHARLES MANNHEIM, Expert, 7, rue Saint-Georges,

Chez lesquels se trouve le présent Catalogue.

EXPOSITION PUBLIQUE :

Le Jeudi 12 Février 1874, de une heure à cinq heures.

CONDITIONS DE LA VENTE.

Elle sera faite au comptant.

Les adjudicataires payeront *cinq pour cent* en sus des enchères.

L'exposition mettant le public à même de se rendre compte de l'état des objets, il ne sera admis aucune réclamation une fois l'adjudication prononcée.

Paris. — Imprimerie PILLET fils aîné, 5, rue des Grands-Augustins.

DÉSIGNATION DES OBJETS

PORCELAINES DE LA CHINE

ET DU JAPON

1 — Garniture de trois vases : potiche et cornets en ancienne porcelaine de Chine, décorés de fleurs de pêcher en rouge sur fond bleu marbré.

2 — Joli vase forme bouteille en céladon bleu turquoise uni.

3 — Petite garniture de cinq pièces, potiches et cornets en vieux Chine, décorés d'ornements émaillés bleu, et d'oiseaux et paysages en camaïeu noir.

4 — Très-beau plat en ancienne porcelaine de Chine, décoré d'une corbeille de fleurs et de compartiments de fleurs en émaux de la famille verte.

5 — Deux autres plats, décorés également en émaux de la famille verte, à paysages, poissons et compartiments de fleurs.

6 — Deux jolis vases de forme ovoïde dite pot à tabac, en ancienne porcelaine de Chine, décorés en émaux de la famille verte, à médaillons de personnages et fleurs.

7 — Deux potiches à couvercles, en ancienne porcelaine du Japon, à décors d'oiseaux, chimères et ornements en bleu, rouge et or.

8 — Deux petits plats ronds en vieux Chine, décorés en émaux de la famille rose, à vases, attributs et fleurs.

9 — Deux plats ronds en vieux Japon, décorés de larges rosaces et d'ornements en bleu, rouge et or.

10 — Plat rond en ancienne porcelaine de Chine, décoré en émaux de la famille rose. Course d'amazones au centre et ornements au bord.

11 — Deux jolis plats ronds en ancienne porcelaine de Chine, décorés en émaux de la famille rose; canards au centre et divinités au bord.

12 — Deux plats ronds en ancienne porcelaine de Chine, décorés en émaux de la famille verte; vases de fleurs au centre; chimères, oiseaux et fleurs au bord.

13-16 — Huit plats en ancienne porcelaine de Chine, à décors variés. Ce lot sera divisé.

17 — Deux compotiers en ancienne porcelaine de Chine, à décor de paysages, figures et fleurs en rouge de fer et or.

18 — Quatre compotiers en vieux Japon, décorés de fleurs et d'ornements en bleu, rouge et or.

19 — Quatre autres compotiers en vieux Chine, décorés en émaux de la famille rose, à fleurs et ornements.

20 — Quatre compotiers de même porcelaine; chacun d'eux est décoré d'une branche de fleurs en émaux de la famille rose.

21 — Quatre compotiers en ancienne porcelaine de Chine, décorés de poissons et de fleurs en émaux de la famille rose.

22 — Trois compotiers de même porcelaine, décorés en émaux de la famille verte, à fleurs et oiseaux en deux dessins.

23 — Quatre compotiers en vieux Chine, décorés en émaux de la famille rose, à fleurs et oiseaux.

24 — Trois compotiers en ancienne porcelaine du Japon, à décor en bleu, rouge et or, à compartiments de fleurs sur fond blanc et bleu.

25 — Bol en ancienne porcelaine de Chine, décoré de figures émaillées en couleurs et fond filigrané d'or.

26 — Autre bol de même porcelaine, décoré de fleurs en émaux de la famille rose.

27 — Quatre jolies tasses à anses, avec soucoupes, en ancienne porcelaine de Chine, à décors variés.

28-33 — Douze jolies tasses avec soucoupes, en ancienne porcelaine de Chine, dites d'échantillon, et à décors variés. Elles seront vendues par deux.

34 — Deux sucriers en porcelaine de Chine, de forme oblongue, à décor en camaïeu bleu.

35 — Trois sucriers en vieux Japon, variés de formes.

36 — Deux cornets en ancienne porcelaine de Chine, décorés de médaillons de fleurs sur fond gros bleu. Monture rocaille en bronze doré.

37 — Deux jolies tasses-présentoirs avec soucoupes, en ancienne porcelaine de Chine, décorées en émaux de la famille rose. Belle qualité.

38 — Joli bol avec plateau en vieux Chine, fond bleu fouetté et médaillons de fleurs et attributs en émaux de la famille verte.

39 — Grand vase en forme de bouteille à panse sphérique, en porcelaine de Chine, décoré de volatiles dans un paysage. Pied en bois de fer sculpté.

40 — Deux coqs sur rochers en ancienne porcelaine de Chine.

41 — Deux grues sacrées debout, de même porcelaine.

42 — Trois pièces en ancienne porcelaine de Chine. Personnage assis sur une carpe, et deux perroquets debout.

43 — Sept petites pièces en ancienne porcelaine de Chine. Deux tasses avec soucoupes et cinq petits vases décorés en bleu lapis et or, et deux flacons à décor en camaïeu bleu.

44-53 — Cent trente-neuf assiettes en ancienne porcelaine de la Chine ou du Japon, à décors variés. Elles seront vendues par lots.

54 — Porte-huilier et ses burettes en vieux Japon, décoré de fleurs en bleu, rouge et or.

55 — Douze assiettes creuses en ancienne porcelaine de Chine, décorées de fleurs.

56 — Cinq compotiers de décor analogue.

57 — Deux compotiers, deux petits plats et deux plateaux en ancienne porcelaine du Japon.

58 — Un bol et une cuvette en ancienne porcelaine du Japon.

59 — Corbeille avec plateau en ancienne porcelaine de l'Inde.

60 — Soupière de forme oblongue, à couvercle, en ancienne porcelaine de Chine, décorée de fleurs.

61 — Potiche à couvercle en ancienne porcelaine du Japon à décor en camaïeu bleu à paysages.

62 — Potiche à pans en ancienne porcelaine du Japon décorée de médaillons de fleurs, en bleu, rouge et or.

63 — Deux groupes en ancienne porcelaine de Chine composés chacun d'une chatte et de ses petits.

64 — Statuette en porcelaine blanche de Chine.

65 — Grande potiche en porcelaine du Japon à décor en camaïeu bleu.

66 — Deux candélabres formés de vases en porcelaine moderne de la Chine, montés en bronze.

67 — Paire de lampes montées dans des vases en porcelaine moderne de la Chine.

PORCELAINES DE SAXE

ET AUTRES

68 — Six grandes et belles tasses à anses avec soucoupes en ancienne porcelaine de Saxe gaufrée et décorées de fleurs.

69 — Moutardier et son plateau en ancienne porcelaine de Saxe fond rosé et décor de fleurs.

70 — Trois tasses hautes à anses avec soucoupes en vieux Saxe, décorées de fleurs sur fonds variés, bleu, carmin et jaune.

71 — Quatre salières de forme contournée, décorées de fleurs en camaïeu rose.

72 — Quatre salières ovales à contours en vieux Saxe et décorées de fleurs.

73 — Sept assiettes en vieux Saxe, dont quatre décorées de bouquets et de festons de fleurs.

74 — Deux plateaux forme feuille, un moutardier et une soucoupe en vieux Saxe, décorés de fleurs et d'oiseaux.

75 — Onze assiettes creuses en ancienne porcelaine de Saxe décorées de groupes de fruits et de fleurs.

76 — Deux jolis bustes d'empereurs romains, grandeur presque nature, en ancienne porcelaine blanche de Capo di Monte, sur socles à ornements en relief.

77 — Garniture de trois jolis petits vases en biscuit de Wedgwood, décorés de figures et d'ornements en relief réservés en blanc sur fond bleu.

78 — Petit vase ovoïde à anses formées de mascarons, en ancienne porcelaine de Venise, décoré de fleurs.

79 — Deux flacons sur socles carrés en porcelaine de Furstenberg décorés de fleurs et d'ornements dorés, et brûle parfums en vieux Vienne décoré de fleurs.

80 — Quatre pièces en porcelaine d'Allemagne et autres : groupe de deux figures, petite corbeille ronde, figure d'amour et perroquet.

81 — Deux médaillons ovales en porcelaine dure ; l'un d'eux est orné d'un médaillon d'oiseaux avec fond bleu turquoise, et l'autre de fleurs sur fond bleu foncé. Cadres en bronze.

82 — Garniture de cheminée composée de trois pièces en biscuit de porcelaine avec garniture en bronze ciselé et doré ; pendule en forme de vase à anses têtes de satyres et deux vases à fleurs en relief formant flambeaux.

83 — Deux grandes et belles coupes rondes à couvercles en porcelaine tendre décorées d'ornements émaillés vert

sur fond gros bleu et rehaussés d'or. Elles sont montées en cassolettes en bronze ciselé et doré à larges pieds galeries à jour et à anses têtes de satyres. Style Louis XVI.

84 —Pendule en biscuit, sur socle en marbre, ornée de trois figures.

85 — Diverses pièces en biscuit noir de Wedgwood telles que : tasses, pots à crème, sucrier, théière, etc.

86 — Théière et tasse en biscuit de Wedgwood à figures réservées en blanc sur fond vert clair.

87 — Théière en biscuit de Turner à figures d'enfants en relief.

88 — Deux assiettes et un plateau en vieux Sèvres pâte tendre à décor de fleurs.

89 — Quatre plats oblongs à contours en ancienne porcelaine italienne à décors de style chinois à vase de fleurs, ornements et fleurs.

90— Treize assiettes, deux plats, cinq compotiers, un bol, un broc et un sucrier en porcelaine dure et décorés de fleurs.

91 — Trois jardinières en porcelaine dure, dont deux à fond jaunâtre et décorées de fleurs.

92 — Deux lampes dites quinquets montées sur de longues tiges à balustre en porcelaine dure décorées de figures et d'ornements.

FAIENCES

93 — Fabrique d'Urbino. — Ecritoire de forme rectangulaire, décorée de grotesques sur fond blanc et surmontée d'une figure de femme à demi couchée, exécutée en ronde bosse.

94 — Coupe ronde sur piédouche en ancienne faïence de Castelli, décorée de figures.

95 — Vase de forme ovoïde à deux anses, en faïence italienne, décoré d'imbrications et d'ornements en relief. Il est émaillé bleu uni.

96 — Cruche en faïence allemande formée d'une figure de paysan assis, décorée en couleurs.

97 — Grand plat rond en ancienne faïence de Nevers, à décor en camaïeu bleu, à sujets chinois et médaillons de paysages.

98 — Plat analogue à celui qui précède, mais plus petit.

99 — Petit plat rond en faïence de Nevers, à décor en camaïeu bleu sur fond bleuté.

100 — Grand plat rond en faïence de Rouen, à décor rayonnant en camaïeu bleu.

101 — Cruche en faïence formée d'un personnage assis sur un tonneau.

102 — Pot à eau en ancienne faïence de Rouen, à décor en bleu et rouge.

103 — Petit vase en forme de balustre en faïence de Nevers, à décor en bleu et rouge.

104 — Soupière en faïence de Strasbourg, décorée de fleurs.

105 — Dix assiettes, un compotier et un petit plateau en faïence de Strasbourg, décorés de fleurs.

106 — Plaque en ancienne faïence de Delft, à décor en camaïeu bleu.

107 — Cinq assiettes en faïence, du temps de la République.

108 — Deux jardinières en faïence de Nevers, à décor polychrome.

109 — Gourde de même faïence, à décor en camaïeu bleu.

110 — Fontaine en faïence de Rouen, à décor polychrome.

111 — Petit vase en forme de balustre, décoré de fleurs sur fond bleu empois.

112 — Plat oblong en ancienne faïence de Rouen, décor polychrome à figures et fleurs.

113 — Aiguière et son plat en faïence blanche de Trévise.

VERRERIE

114 — Deux petits vases en verre de Venise incolore et à deux anses en verre bleu.

115 — Grand verre à coupe godronnée évasée.

116 — Deux pièces : petite coupe de Venise à bord plat et nœud doré, et flacon à couvercle en verre de Bohême gravé.

117 — Sept verres à pieds, filigranes d'émail blanc.

118 — Plateau avec sucrier et carafon en verre de Bohême, à décor d'or.

SCULPTURES

119 — Ivoire. — Petit buste d'adolescent, sur piédestal en marbre noir.

120 — Ivoire. — Bouton japonais formé de masques grimaçants.

121 — Terre cuite. — Statuette d'enfant, étude par Sauvageau.

122 — Terre cuite. — Statuette, enfant et canard par le même.

123 — Terre cuite. — Deux statuettes du temps de Louis XVI.

124 — Terre cuite. — Deux petits groupes composés chacun de deux figures d'enfants représentant l'Été et l'Automne.

125 — Terre cuite. — Statuette de paysan debout.

126 — Terre cuite peinte. — Deux moutons et un taureau couchés. — Travail napolitain.

127 — Terre cuite. — Vase en forme de balustre, à deux anses ornées de mascarons en terre cuite peinte en rouge.

128 — Serpentine. — Groupe du Laocoon.

129 — Marbre blanc. — Deux médaillons encadrés. Bustes d'empereurs romains sculptés en bas-relief.

130 — Marbre blanc. — Petit buste de l'empereur Napoléon Ier.

131 — Marbre blanc. — Buste de la Vénus de Médicis, grandeur presque nature.

BIJOUX & OBJETS VARIÉS

132 — Belle montre Louis XV, à double boîte en or. Le boîtier extérieur offre des figures et des ornements repoussés.

133 — Trois boucles ou appliques en filigrane d'argent.

134 — Six cuillers en argent, à manches ornés de groupes de figures. Travail hollandais.

135 — Six cuillers analogues à celles qui précèdent, mais plus riches.

136 — Portrait de femme peint sur émail.

137 — Deux étuis en vernis de Martin ; l'un d'eux à décor en camaïeu blanc sur fond rose.

138 — Coffret Louis XIII, garni en filigrane d'argent.

139 — Tabatière et deux drageoirs en écaille incrustée d'argent.

140 — Quatre plaques de bracelet du temps de Louis XVI, en argent avec médaillons encadrés d'or.

141 — Deux pièces : petite théière en bronze et flacon garni en argent émaillé.

142 — Tabatière en cuivre doré. Elle contient une montre et un encrier.

143 — Petit panier en filigrane d'argent.

144 — Une bague et deux broches. Une de ces dernières est garnie de roses.

145 — Bague en or et deux pendants d'oreilles.

146 — Deux pistolets Louis XV, garnis d'ornements en cuivre doré.

147 — Cinq pièces en argent : deux cuillers, une pince à sucre et deux étuis.

148 — Quatre pièces : émail rond, pomme de canne, plaque de porcelaine et pendentif.

149 — Neuf tasses, huit soucoupes et une boîte en laque.

150 — Coffret gothique à couvercle bombé en fer.

151 — Trois pièces diverses : cuiller en bois, manuscrit sur vélin et éventail ivoire.

152 — Miniature rectangulaire sur ivoire : Joseph et Putiphar. Cadre en bronze doré.

153 — Grande miniature sur vélin : la toilette de Vénus.

154 — Épingle en or ornée d'un camée sur cornaline, représentant le buste de profil d'Auguste III, roi de Pologne.

155 — Tabatière rectangulaire en granit dit pavé de Vienne, enrichie d'une mosaïque de Rome. Elle est montée en or.

156 — Grande croix en cristal de roche, formée de pièces d'enfilage.

157 — Jeu d'échecs chinois en ivoire.

158 — Petite trousse porte-ciseaux et poinçons en argent gravé à fleurs et repercé à jour. Époque Louis XIII.

159 — Clef de harpe en fer ciselé à fleurs et animaux. XVIIe siècle.

160 — Grande et belle boussole formant cadran solaire en ivoire gravé. Travail allemand du temps de Louis XIII.

161 — Petit buste d'ivoire avec tête rapportée en agate orientale.

162 — Drageoir en argent ; le dessus est formé d'une plaque d'écaille frappée.

163 — Tabatière ovale en émail de Saxe, décorée de sujets tirés de l'histoire de Joseph.

164 — Deux pièces : boîte ronde en corne sculptée et boîte oblongue en cuivre.

165 — Miniature à l'huile sur cuivre. — Portrait d'homme en costume du temps de Louis XIV. Dans un cadre à enroulements en bois sculpté et doré.

166 — Miniature ovale en ivoire. — Portrait de la reine Marie-Antoinette.

167 — Deux miniatures rondes du temps de Louis XVI ; portraits d'homme et de femme.

168 — Deux pièces : châtelaine Louis XV en cuivre ciselé et éventail.

169 — Quatre grands dessins au trait et gouachés, par I. B. Coste, représentant des sujets mythologiques dans des paysages, des monuments antiques, etc. Cadres dorés.

170 — Statuette de saint Jean en bois sculpté.

171 — Deux figurines de Chinois en terre peinte.

172 — Dessus de console en albâtre oriental.

173-174 — Diverses armes orientales, telles que : sabres, yatagan, etc.

175 — Encrier en étain et faïence ancienne.

BRONZES D'ART

ET D'AMEUBLEMENT

176 — Cheval passant. — Joli bronze du temps de Louis XIV, sur plinthe en granit rose oriental.

177 — Cerf passant. — Bronze du XVIIe siècle, muni d'une patine verte.

178 — Petite statuette de Mercure, d'après Jean de Bologne, sur pied et avec draperies en bronze doré. Elle sert de support à une lampe à trois becs en argent, ornée de mascarons saillants.

179 — Deux chenets Louis XIII en cuivre, en forme d'obélisques.

180 — Deux chenets de style Louis XVI en bronze, formés chacun d'un lion couché sur un socle carré.

181 — Flambeau de bouillote en bronze à quatre lumières.

182 — Grand vase ou brasero en cuivre. XVIIe siècle.

183 — Pendule du temps de Louis XVI, en bronze ciselé et doré au mat sur socle en marbre blanc : Vénus et Amour. Contre-socle en marbre griotte d'Italie.

184 — Joli bas-relief en bronze ciselé et doré du temps de Louis XIII.

185 — Très-grand lustre en bronze, orné de cariatides d'amours et à cent quatorze branches porte-lumières de style rocaille.

186 — Petit lustre à consoles en cuivre à douze lumières, garni de cristaux de Bohême.

187 — Deux bras-appliques en bronze doré du temps de l'Empire, à cinq lumières.

188 — Pendule de la fin du règne de Louis XVI, modèle à pilastres en marbre noir et blanc et bronze doré au mat. Elle est enrichie de médaillons en biscuit de Sèvres.

189 — Deux candélabres formés chacun d'une figure en bronze sur socle en marbre blanc et portant trois branches porte-lumières en bronze.

190 — Deux vases ovoïdes en bronze, garnis d'anses et d'ornements en bronze doré et montés sur pieds en marbre griotte d'Italie.

191 — Deux flambeaux du temps de l'Empire, en bronze, à pieds et têtes de femmes dorés au mat.

192 — Deux flambeaux de style Louis XVI, en bronze doré et tiges en marbre griotte.

193 — Quatre petits flambeaux formés de colonnes cannelées en cuivre argenté.

194 — Coupe en bronze supportée par trois figurines d'enfants.

195 — Pendule de forme circulaire du temps de Louis XIV, sur pied en cuivre poli.

196 — Deux flambeaux du temps de Louis XIV, en cuivre argenté.

197 — Petit vase en porcelaine à fond rouge monté en cuivre.

198 — Paire d'appliques en bronze à deux lumières. Époque Louis XVI.

MEUBLES

199 — Très-belle commode du temps de Louis XVI en laque noir, à décor d'or et richement garnie de bronzes ciselés et dorés.

200 — Commode Louis XVI en marqueterie de bois à fleurs et à dessus de marbre.

201 — Meuble à hauteur d'appui et à deux portes en bois sculpté, rehaussé de dorure. Époque Louis XV.

202 — Meuble de salon du temps de Louis XVI, en bois sculpté, couvert en brocatelle de soie à dessins blancs et bleus. Il se compose d'un grand canapé, deux petits et six fauteuils.

203-205 — Trois lits Louis XVI en bois sculpté et peint en blanc. Ils seront vendus séparément.

206 — Jolie petite commode Louis XVI en marqueterie de bois à fleurs, à deux tiroirs, et garnie de bronzes ciselés et dorés.

207 — Six fauteuils Louis XV en bois sculpté peint en noir et rehaussé d'or, couverts en damas.

208 — Jolie petite table en bois de rose et marqueterie de bois à fleurs, garnie de bronzes rocaille. Époque Louis XV.

209 — Petite console en bois sculpté et doré à ornements rocaille et fleurs. Le dessus est formé d'une plaque en ancienne porcelaine italienne décorée d'un sujet de bacchanale Cette plaque a été fracturée.

210 — Grand secrétaire en bois d'acajou moucheté, garni d'ornements en bronze ciselé et doré au mat. Dessus en brocatelle d'Espagne.

211 — Joli buffet à deux corps en bois sculpté; le bas à portes pleines et le haut vitré. Époque Louis XV.

212 — Grand canapé en bois sculpté du temps de Louis XIV, couvert en tapisserie au petit point.

213 — Coffre de forme rectangulaire en bois sculpté et rehaussé d'or. Style de la renaissance.

214 — Meuble-vitrine vitré sur trois de ses faces et garni de tablettes couvertes de reps rouge.

215 — Très-petit meuble-étagère en laque noir du Japon, décoré de feuillages et d'armoiries dorées.

216 — Coffre à angles coupés en laque noir burgauté du Japon.

217 — Coffre analogue à celui qui précède, mais plus petit.

218 — Étagère en bois d'acajou à côtés découpés.

219 — Table-bureau en bois d'acajou à moulures de cuivre et pieds cannelés.

220 — Glace biseautée dans un cadre du temps de Louis XIV, en bois sculpté et doré, et à fronton orné de figures.

221 — Glace du temps de Louis XIV avec cadre à fronton à compartiments de glace et bois sculpté et doré.

222 — Deux petits meubles à côtés arrondis à portes vitrées et étagères en bois d'acajou. Époque Louis XVI.

223 — Petit bureau à cylindre et à casier vitré en bois d'acajou et à moulures de cuivre poli. Même époque.

224 — Commode à angles coupés et à quatre tiroirs en bois d'acajou.

225 — Console du temps de l'Empire en bois d'acajou et à dessus de marbre.

226 — Console du temps de l'Empire en bois doré, avec dessus en porphyre rouge oriental.

227 — Deux encoignures en bois de placage garnies de quelques bronzes et à dessus de marbre. Époque Louis XV.

228 — Table tricoteuse en bois d'acajou. Époque Louis XVI.

229 — Petite table à pieds et ornements en bois tourné et à dessus de velours, garni de bandes en tapisserie.

230 — Petite table en bois noir sur pieds cannelés.

231 — Pendule du temps de Louis XV, avec socle de suspension en bois peint en vert et garnie de bronzes.

232 — Petite table Louis XIII sur pieds tournés.

233 — Six chaises Louis XIII, à pieds tors, couvertes en cuir.

234 — Fauteuil de même style et de même travail.

235 — Deux fauteuils du temps de Louis XIII, couverts en tapisserie au petit point.

236 — Fauteuil analogue à celui qui précède.

237 — Pendule et son socle de suspension, en marqueterie de cuivre et écaille, garnie de bronzes. Époque Louis XIV.

238 — Deux consoles d'angles du temps de Louis XVI, en bois sculpté et peint en blanc.

239 — Deux candélabres en bois doré.

240 — Table à jouer du temps de Louis XVI, en bois d'acajou.

241 — Deux écrans de cheminée en acajou et damas de soie rouge.

242 — Deux chaises en bois sculpté, de style Louis XIV.

243 — Glace avec cadre Louis XIV, en bois sculpté et peint.

244 — Prie-Dieu en bois sculpté, XVIIe siècle.

245 — Table chinoise en bois de fer.

246 — Buffet Louis XIII en marqueterie.

247 — Table-bureau, table ronde et guéridon en acajou.

TAPISSERIES

248 — Trois tapisseries à petits personnages, sujets de bacchanales.

249 — Quatre tapisseries dites *verdure*.

250 — Grande tapisserie dite *verdure*.

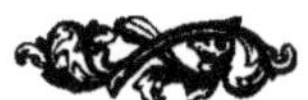

www.ingramcontent.com/pod-product-compliance
Lightning Source LLC
LaVergne TN
LVHW010012230826
846092LV00002B/767

* 9 7 8 2 3 2 9 4 9 8 0 6 5 *